ADMINISTRATION DES DOUANES

DIRECTION DE BESANÇON

RÈGLEMENT

SUR LE

SERVICE DE SANTÉ

BESANÇON

IMPRIMERIE ET LITHOGRAPHIE MILLOT FRÈRES ET Cie

20, RUE GAMBETTA, 20

1902

ADMINISTRATION DES DOUANES

DIRECTION DE BESANÇON

RÈGLEMENT

SUR LE

SERVICE DE SANTÉ

BESANÇON

IMPRIMERIE ET LITHOGRAPHIE MILLOT FRÈRES ET Cⁱ

20, RUE GAMBETTA, 20

1902

ADMINISTRATION DES DOUANES

DIRECTION DE BESANÇON

RÈGLEMENT

SUR LE

SERVICE DE SANTÉ

CHAPITRE PREMIER

Retenues opérées au profit du service de santé

ARTICLE PREMIER

Quotité des retenues

Le service de santé, institué dans les brigades pour assurer aux agents les soins du médecin et la fourniture des médicaments, est alimenté par une retenue proportionnelle portant sur le traitement brut et sur les diverses indemnités fixes afférentes à l'emploi.

La quotité de cette retenue est fixée à 1 fr. 75 0/0, elle peut être augmentée ou diminuée selon les besoins du service par une délibération du conseil des Masses, approuvée par M. le directeur général.

ARTICLE 2

Employés soumis aux retenues

Sont soumis à la retenue et participent à tous les avantages résultant du service de santé, les agents de tous grades à la nomination du directeur, les garde-magasins, sous-lieutenants, lieutenants et capitaines.

En sont exempts les agents qui résident dans des localités où le service de santé n'est pas organisé.

ARTICLE 3

Calcul des retenues

La retenue est opérée mensuellement dans les formes prescrites par les règlements concernant la comptabilité des Masses.

La retenue mensuelle est indivisible. Elle est supportée intégralement par tout employé absent de son poste pour tout ou partie du mois et pour quelque cause que ce soit.

Il en est de même à l'égard de l'agent qui est privé d'une partie de son traitement par suite de congé ou par mesure disciplinaire.

CHAPITRE II

Organisation du service et nomination des médecins

ARTICLE 4

Circonscriptions médicales

La Direction de Besançon est, au point de vue du service de santé, divisée en circonscriptions comportant chacune un certain nombre de brigades. Ces circonscriptions peuvent être modifiées par l'Administration suivant les nécessités du service.

ARTICLE 5

Choix des médecins

M. le Directeur général nomme les médecins sur la proposition du directeur qui doit, au préalable, consulter le Préfet du département.

Les emplois de médecins des brigades ne sont confiés aux officiers de santé, dans la région, qu'à défaut de docteurs réunissant les conditions voulues.

ARTICLE 6

Honoraires des médecins

Le traitement des médecins est fixé en raison de l'importance du personnel, de l'étendue de la circonscription et des difficultés topographiques, par décision de l'Administration, sur la proposition du directeur. Il est payé par trimestre échu, sur mandats délivrés par le directeur.

ARTICLE 7

Entrée
en fonctions

Avant d'entrer en fonctions, les médecins souscrivent l'engagement de se conformer de tous points aux dispositions du présent règlement dont un exemplaire leur est remis. Ils prêtent, par devant le juge de paix, le serment prescrit par l'article 30 du décret du 9 novembre 1853 et prennent le titre de médecin-délégué et assermenté des brigades des Douanes.

ARTICLE 8

Maladies
ou congés

Dans le cas de maladies ou de congés, les médecins se font remplacer à leurs frais. Le suppléant doit être agréé par le capitaine, si l'interruption n'est que de trois jours, par l'inspecteur, si l'absence n'excède pas quinze jours, et par le directeur, si elle est de plus de quinze jours.

Tout médecin qui s'absente sans avoir fait agréer un suppléant peut être considéré comme démissionnaire à dater du jour de son départ.

ARTICLE 9

Démissions
et
remplacements

Le médecin qui veut se démettre de ses fonctions doit en informer l'inspecteur trois mois d'avance, par lettre spéciale dont il lui est accusé réception. S'il cesse son service avant l'expiration de ce délai, il est suppléé, à ses frais, par un médecin que l'inspecteur désigne.

Lorsque des inexactitudes sérieuses sont signalées dans le service d'un médecin ou qu'il se produit des faits graves, l'inspecteur procède à une enquête et il en fait connaître le résultat au directeur qui juge, selon les circonstances, s'il doit être donné un avertissement au médecin ou s'il y a lieu de procéder à son remplacement, après y avoir été autorisé par l'administration.

En cas de remplacement, il ne sera accordé aucune indemnité au médecin.

Traitement des malades et obligations des médecins

ARTICLE 10

Soins, obligations et devoirs des médecins

Le médecin des brigades doit ses soins pour toutes les maladies sans exception, soit comme médecin, soit comme chirurgien, aux agents inférieurs des brigades et aux officiers jusqu'au grade de capitaine inclusivement, qui résident dans sa circonscription ou qui s'y trouvent temporairement, soit dans un intérêt de service, soit en vertu de congé, ainsi qu'aux personnes de leur famille habitant avec eux. En cas d'accouchement, le médecin ne doit son assistance aux femmes des agents que si son intervention est réclamée par la sage-femme. Après leur délivrance, l'obligation leur incombe de les visiter et de donner tous les soins utiles.

Il opère gratuitement la vaccination et la revaccination du personnel de toutes les brigades et des parents des agents demeurant avec eux.

Enfin, il doit donner son avis aux chefs locaux dans les questions de salubrité et d'hygiène et, s'il y a lieu, en saisir ceux-ci de sa propre initiative.

ARTICLE 11

Visite après avis de maladie

Lorsqu'un agent ou un membre de sa famille se déclare malade, le chef de poste lui délivre un bulletin de visite (voir le modèle ci-joint, n° 1). Si le malade est dans l'impossibilité de se déplacer, le bulletin portant la mention *à domicile* est adressé, dans le plus bref délai, au médecin qui est tenu de se rendre immédiatement chez l'agent.

Sans le bulletin de visite, un agent ne peut, sauf le cas d'urgence absolue, réclamer les soins du médecin.

Le bulletin de visite peut être utilisé jusqu'à épuisement du nombre des cases qu'il comporte :

1° S'il s'agit de simples consultations, sans interruption de service ;

2° Si l'agent ne reprend pas son service à l'expiration
du temps présumé d'interruption de service indiqué par
le médecin.

Par exception, les agents malades qui se trouvent temporairement en congé, dans une circonscription médicale
autre que la leur, doivent, en cas de maladie, prévenir le
chef de la brigade la plus rapprochée, qui délivre un
bulletin de visite, comme s'il s'agissait d'une agent demeurant à sa résidence.

Si l'agent malade peut, sans inconvénient sérieux, se
rendre à la résidence du médecin, il doit aller le consulter,
muni d'un bulletin de visite. Le médecin, après avoir
indiqué sur le bulletin la nature de la maladie et la durée
présumée de l'incapacité de travail, rend cette pièce à
l'agent qui la remet à son chef de poste. Celui-ci en
reporte les indications sur le registre de santé, vise le
bulletin qu'il conserve jusqu'au moment où le préposé
vient le lui demander pour retourner à la consultation
pour la maladie en cours.

Un avis affiché dans tous les postes de la circonscription
indique les heures de consultation du médecin à son
domicile.

Si l'agent ne peut se déplacer et est visité à domicile,
le bulletin complété et signé par le médecin doit être
rapporté au chef de poste par une personne de la famille
du malade.

Dans le cas d'urgence et notamment la nuit, lorsque
les secours immédiats paraissent nécessaires, les agents
peuvent faire appeler directement le médecin avant d'en
avoir avisé le chef de poste et sans présenter de bulletin.
Les formalités prescrites précédemment n'en doivent pas
moins être remplies ensuite. En ce qui concerne les
membres de la famille d'un agent, notamment les femmes,
le bulletin ne devra pas mentionner la nature de la maladie, à moins qu'il ne s'agisse d'une affection contagieuse,
auquel cas le médecin devra intervenir près du chef de

poste pour prendre toute mesure prophylactique nécessaire.

Les médecins doivent toujours déférer de toute urgence
aux appels qui leur sont adressés par le chef de poste et
continuer leurs visites, sans nouvel avis, aussi fréquem-
ment et aussi longtemps que la maladie l'exige.

Lorsque les médecins se trouvent dans l'impossibilité
de visiter eux-mêmes le malade, ils doivent se faire sup-
pléer; s'ils ne satisfont pas à cette obligation, c'est à
leurs frais qu'un autre médecin pourra être appelé par les
chefs locaux.

Les médecins et les chefs de poste ne doivent pas
perdre de vue que la promptitude des secours médicaux
importe, au plus haut degré, aux agents qui, atteints de
blessures ou de maladies graves, se trouvent, à raison de
leur éloignement d'un poste médical, dans la double impossibilité de se déplacer pour se présenter à la consultation
et de se procurer directement des médicaments. Il doit
demeurer entendu, qu'en cas d'urgence, le médecin sera
prévenu par exprès.

ARTICLE 12

Maladies simulées — Si des employés simulent une maladie ou une indispo-
sition, en vue de se soustraire à l'exécution du service, ou
s'ils prolongent sans nécessité, après une maladie, leur
état de convalescence, le médecin doit les signaler aux
capitaines. Il ne pourra accorder aucune exemption de
service pour un temps illimité. Tout préposé qui réclame
sans nécessité reconnue la visite du médecin à domicile
ou qui ne se trouve pas chez lui au moment de cette visite
est passible d'une sévère punition.

ARTICLE 13

Ordonnances — Les ordonnances doivent être écrites et signées de la
main du médecin.

Responsable du traitement prescrit, il doit également

régler l'emploi des remèdes, s'assurer de leur bonne qualité et surveiller leur bonne administration, lors de ses visites. S'il reconnaît qu'ils sont détériorés ou mal préparés, il en rend compte à l'inspecteur qui fait appliquer les dispositions de l'article 32 ci-après.

ARTICLE 14

Registres de santé

Il est tenu dans chaque poste un registre conforme au modèle n° 2 ci-joint, qui indique le nom des malades, la nature (sauf pour les femmes et les enfants) et la durée des maladies, ainsi que les dates des visites successives du médecin. Ces dates sont inscrites par le brigadier au vu des ordonnances ou des notes laissées par le médecin. Celui-ci consigne lui-même, s'il le juge à propos, les observations que lui suggèrent l'état de santé et le traitement des malades de la brigade. Le registre dont il s'agit prend le nom de registre de santé. Le chef de la brigade y inscrit non seulement les personnes pour lesquelles le médecin a été appelé, mais aussi celles qui ont été autorisées à le consulter à son domicile.

Le chef de poste et, subsidiairement, les officiers sont responsables de la tenue de ce registre.

ARTICLE 15

Blessures graves

Dans le cas de blessures, de coups reçus ou d'accidents éprouvés par les employés dans l'exercice de leurs fonctions, le médecin des brigades en établit le caractère, la gravité et les conséquences probables par un certificat circonstancié. Si les coups et blessures ont pour cause des actes de rébellion ou des voies de fait susceptibles d'être déférés aux tribunaux, il en discute la nature avec le médecin qui serait appelé, le cas échéant, par la partie adverse et détermine la durée d'incapacité de travail qui en résulte. Il constate les faits par un procès-verbal en due forme, qu'il adresse au capitaine.

ARTICLE 16

Certificats
d'aptitude

· Conformément aux dispositions du règlement du 1er décembre 1899, sur le recrutement des brigades et dont un exemplaire lui est remis, le médecin visite, en présence du capitaine, les postulants aux emplois de préposés et leur délivre un certificat constatant leur aptitude au service. Le coût de ce certificat est payé, s'il y a lieu, par le postulant. Son taux ne peut être supérieur à 2 francs.

ARTICLE 17

Certificats
de maladie

Le médecin doit, lorsqu'il en est requis, visiter les employés qui ont contracté des infirmités et constater l'état de maladie ou d'invalidité de ceux qui sollicitent des congés ou qui doivent être mis à la retraite. Les certificats motivés qu'il délivre dans ces divers cas relatent sa qualité de médecin délégué et assermenté.

ARTICLE 18 ·

Médecins
appelés par les
employés

Lorsque les employés se font traiter par un médecin autre que celui de l'administration ou qu'ils l'appellent en consultation, les honoraires de ce médecin ainsi que les médicaments qui auraient été prescrits sur ses ordonnances (lors même que ces médicaments seraient fournis par le pharmacien de la Douane) sont à la charge des dits agents, sans qu'ils puissent être dispensés pour cela des retenues ordinaires.

ARTICLE 19

Médecins
des douanes
autres que ceux
de la
circonscription
médicale

Dans un cas grave de blessure ou de maladie, le médecin des brigades peut réclamer l'aide et les conseils des médecins des circonscriptions voisines; mais lorsque des employés font appeler, de leur propre autorité, un médecin de l'administration autre que celui de la circonscription médicale à laquelle ils appartiennent, les honoraires et les frais de déplacement qui peuvent être réclamés par ce praticien restent à leur charge.

ARTICLE 20

Tournée mensuelle

Le médecin se rend, au moins une fois par mois, dans ceux des postes de sa circonscription où il n'a pas été appelé pendant ce laps de temps. Il visite les familles des préposés, s'assure que leurs vêtements, leur logement et leur nourriture habituelle sont dans des conditions satisfaisantes de propreté, de salubrité et d'hygiène. Il trace, à cet égard, les règles à suivre. Au besoin, il signalerait aux chefs les employés qui ne déféreraient pas à ses recommandations.

Il adresse au directeur, annuellement, un rapport médical constatant l'état des malades et les résultats de ses visites et y joint ses observations.

CHAPITRE III

Fourniture des médicaments

ARTICLE 21

Nomenclature des médicaments

Les médicaments compris dans la nomenclature de la direction sont fournis aux frais de la masse. Cette nomenclature peut être modifiée par l'administration.

ARTICLE 22

Marchés avec les pharmaciens

Dans chaque inspection il est traité avec un ou plusieurs pharmaciens qui s'engagent à livrer aux employés du service actif les substances et médicaments compris dans la nomenclature et qui seront portés sur les ordonnances des médecins des brigades agréés par l'administration.

ARTICLE 23

Il est formellement interdit aux médecins :

1° De prescrire chaque fois dans leurs ordonnances des quantités de médicaments supérieures aux quantités maxima portées au tarif. Mais les doses peuvent être renouvelées si la maladie le comporte ;

2° D'ordonner des remèdes non compris dans la nomenclature.

ARTICLE 24

Si le médecin jugeait, toutefois, nécessaire, dans les cas
exceptionnels, l'usage de médicaments non compris dans
la nomenclature, il indiquerait les motifs de l'exception
sur l'ordonnance même. Ces médicaments feraient l'objet
d'un relevé distinct et le prix pourrait en être imputé sur
la masse, par décision spéciale.

ARTICLE 25

Ne peuvent être livrés, en tant qu'ils n'entrent pas dans
la composition des remèdes prescrits, les sirops, le sucre,
le miel, les farineux alimentaires, les pâtes, les eaux miné-
rales et les spécialités pouvant être remplacées par les
formules du Codex. Les vins de quinquina et de kola sont
également exclus de la nomenclature. Le quinquina ne
peut être prescrit qu'en poudre, concassé, teinture ou
extrait; et le kola que sous forme de granules, d'extrait
ou de teinture.

ARTICLE 26

Les médicaments sont payés par trimestre, d'après les
prix fixés par le tarif précité et en tenant compte du rabais
consenti au vu d'un mémoire récapitulatif qui est établi
sur papier timbré, aux frais des pharmaciens, lorsque la
somme est supérieure à 10 francs.

Le timbre de quittance est également à la charge du
pharmacien.

Les livraisons de médicaments sur mémoires ne pour-
ront être faites par les pharmaciens qu'au vu des ordonnances du médecin titulaire de chaque brigade.

ARTICLE 27

Les mémoires sont appuyés des relevés et des ordonnances délivrés par les médecins. Les relevés, libellés sur

des formules S^{ie} C, n° 149, sont, de même que les mémoires, vérifiés et certifiés par les capitaines et l'inspecteur. Ils sont, en outre, certifiés par les médecins con-
formes à leurs ordonnances.

ARTICLE 28

Délais dans lesquels les mémoires doivent être produits

Le pharmacien doit, sous peine de déchéance, produire les titres de sa créance dans un délai maximum de 40 jours après l'expiration du trimestre pendant lequel les fournitures ont été faites.

Par exception, le mémoire du 4e trimestre est produit avant le 20 décembre.

ARTICLE 29

Manipulation et division des médicaments

Aucune allocation n'est accordée, ni pour manipulation, ni pour division, etc. Les récipients (pots et bouteilles) sont payés par les agents auxquels le prix intégral en sera remboursé par les pharmaciens, lorsqu'ils les leur remettront.

ARTICLE 30

Employés qui ont droit à la fourniture des médicaments

Ont droit aux fournitures de médicaments les agents des brigades et les personnes de leur famille habitant avec eux, soit qu'ils fassent partie des brigades de la circonscription pharmaceutique, soit qu'ils se trouvent momentanément dans la région.

ARTICLE 31

Durée des marchés

Les marchés sont passés pour une durée maximum de trois ans; mais l'administration se réserve la faculté de les résilier à toute époque, en prévenant les pharmaciens trois mois à l'avance.

ARTICLE 32

Mauvaise qualité des médicaments

En cas de négligences successives et dûment constatées dans la fourniture des médicaments, ou s'il était reconnu que ceux-ci ne sont pas de bonne qualité, les marchés pourraient être résiliés sans indemnité, sur simple déclaration du directeur.

ARTICLE 33

Frais
du marché

Les frais de timbre et d'enregistrement des marchés sont à la charge des pharmaciens.

ARTICLE 34

Exécution
du règlement

Le présent règlement sera imprimé aux frais du boni des masses et adressé aux inspecteurs et à tous les officiers et chefs de poste, ainsi qu'aux médecins et pharmaciens chargés du service de santé. Les inspecteurs et les capitaines veilleront, chacun en ce qui le concerne, à l'exécution stricte des dispositions qu'il renferme.

Besançon, le 23 août 1902.

Le Directeur,
LOUSTAUNAU.

Approuvé :

Paris, le 22 septembre 1902.
L'Administrateur.
TOUZARD.

LIBELLÉ DU BULLETIN DE VISITE

MODÈLE N° 1.

Recto

DOUANES   BRIGADE
de ....

BULLETIN DE VISITE

(1) ....

Nom et prénoms (2) ....

Grade (2) ....

Adresse (2) ....

Le Chef de poste,

(Signature.)

(1) Inscrire sur cette ligne, s'il y a lieu, les mots « à domicile. »
(2) A remplir par le chef de poste.

Verso

Maladie ....

....

	NOMBRE de jours	DATES des visites du médecin	SIGNATURES du médecin	VISA du Chef de poste après chaque visite
Durée présumée de l'interruption de service.	....	. . .	....	....
	....	. . .	....	....
Prolongations successives . .	....	. .	....	....
	....	....	....	....
	....	....	....	....

Le service doit être repris le ....

A .... , le ....

Durée réelle de l'interruption de service, ... jours.

Le Chef de poste,   Le Médecin,

DOUANES

Service de santé

Modèle Nº 2.

DIRECTION DE BESANÇON

Inspection de ....

Capitainerie de ....

Registre de santé de la brigade de ....

NOMS DES MALADES	DATES		AVIS ET OBSERVATIONS DU MÉDECIN sur la gravité du mal la durée présumée du traitement à suivre etc.	DATE DU RÉTABLISSEMENT des malades	OBSERVATIONS DES CHEFS (Capitaines et Inspecteurs)
	De la maladie	Des visites du médecin